Pier Pia Paul Zellin

AF200597

NULLTHERAPIE

Integrale Identität
durch Disidentifikation

© www.nulltherapie.de

Paul Zellin, geb. 6.1.1947 in New York, spielte bis in die 80er-Jahre hinein in San Francisco (Kalifornien) eine wichtige Rolle als weltweit bekannter Guru der späten 60er im Rahmen des Human Potential Movement. Nach der Auflösung seiner Sekte gründete er eine Restaurantkette und lebt heute zurückgezogen in Tamalpais Valley, wo er als 5-Sterne-Koch incognito neue Gerichte für seine NoYogaFood-Filialen kreiert.

Pia & Pier Zellin, geb. 9.9.1974 in Berlin. Als Kinder eines Gurus lernten sie schon früh den "Zirkus um die Erleuchtung" in der Spiriszene kennen und wurden gezwungen zu meditieren. Seit 2014 fungierte Pier als Pressesprecher der LDL. Im Oktober 2015 zog er zu seiner Zwillingsschwester nach Kapstadt, wo Pia Antiyoga unterrichtet.

Die **"LIGA DER LEEREN" (LDL)** wurde 2014 als anonymes transspirituelles Netzwerk diverser politisierter ehemaliger Gurus und Antigurus aus dem Umfeld des ehemaligen Magazins "connection spirit" (Hrsg. Wolf Schneider) ins Leben gerufen, um über den eigenen kosmologischen Tellerrand zu schauen.

ORIGINALAUSGABE 2017
ISBN 978-3-7448-9603-0
Herstellung und Verlag: BoD
Books on Demand, Norderstedt

"Die Empfindung aber,
daß das Handeln aus sich
heraus geschieht, weder
von einer Kraftquelle
ausgeht noch einem
Beteiligten widerfährt,
ist die wahre Empfindung
des Lebens als ein reiner
Prozeß, in dem es weder
Bewegendes noch Bewegtes
gibt. Ein Prozeß ohne
Ursprung oder Ziel,
ein Verb ohne
Subjekt oder Objekt."

Alan Watts
PSYCHOTHERAPIE
UND ÖSTLICHE
BEFREIUNGSWEGE
(1961)

NULLYOGA

ICH MACHE NULL YOGA:
N U L L Y O G A !

Das ganze Leben ist
eine erleuchtete Meditation

Im Gegensatz zu echtem Yoga kennt Nullyoga keinen spirituellen Fortschritt und hat keinerlei Ziel vor Augen. Es geht einzig und allein darum, jede einzelne Bewegung aus reinem Selbstzweck wahrzunehmen, und keinerlei zusätzliche Handlung zu erzwingen. Anstatt des Leistungsdrucks, den normales Yoga auf seine Schüler ausübt, vermeiden wir im Nullyoga jeden Druck und jede Bemühung. Wir tun nur das, was wir sowieso tun, und genießen jeden Schritt als den wahren Schritt durchs Leben.

Ein Nullyogi empfindet sich weder als erleuchtet noch als nicht-erleuchtet, denn sein abgespaltenes Ego hat sich in Luft aufgelöst. Da ist niemand mehr, der sich als erleuchtet deklarieren könnte. Da ist einfach der Mensch mit seiner Wahrnehmung der Welt übrig geblieben.

Du gibst Dir selbst die Erlaubnis, in jeder Bewegung Deines Körpers das Leben als Wahrheit zu spüren. Wer ist dieses Selbst? Dein Körper selbst, der sich bewusst wahrnimmt. Alles Wahrgenommene wird als wahr empfunden. Es bedarf keiner "göttlichen" Extra-Ebene hinter der Wirklichkeit, wo man in "stillem Frieden ruht" und sich "bedingungslose Liebe" einbildet. Das sind abgespaltene Emotionen des Egos, das sich gern frei fühlen möchte, anstatt sich tatsächlich aufzulösen. Erst wenn sich das Ego als eingebildeter Innenraum in Luft aufgelöst hat, stellt der Mensch fest, dass er nicht zwischen heiligen Bewusstseinszuständen und dem verspannten Alltag unterscheiden braucht. Plötzlich ist alles weder heilig noch "Psycho", sondern alles darf sein, wie es ist. Weil es ist. Weil nicht mehr ist. Du bist einfach das, was geschieht. Spür Dich dabei als ganzer Mensch, der schon angekommen und wach ist, und sich nicht von seinem Ego abhängig macht. Nimm Deine Füße und Deine Arme genauso ernst wie Dein Ego. Mach einen Schritt. Geh los. Hör auf zu meditieren! Das ganze Leben ist eine erleuchtete Meditation.

STATUSMELDUNGEN

Nullyoga strebt keinen spirituellen Fortschritt an, weil wir keine Erleuchtung suchen. Wir sind aus dem esoterischen Quatsch aufgewacht und im echten Leben angekommen. Jede Zelle atmet den Augenblick. Der Augenblick ist weder eins noch zwei. Wir spüren die Null durch jede Bewegung. Konkrete Seinsfühlung. Die Mystik des Nullbewusstseins kennt keine Mystik. Entspann Dich und tu einfach das, was jetzt passiert. Mehr als dieses Jetzt kannst Du nicht JETZT erwarten. Morgen machst Du dann einen anderen Schritt. Schritt für Schritt echtes Leben zelebrieren.
11.9.2015

Wir tun alles aus reinem Selbstzweck. Das Leben benötigt kein Konzept, keine Theorie, keine Technik. Wir sind GANZ DA und nehmen ALLES WAHR, was passiert!
11.9.2015

Du brauchst Dich nicht auf einer "höheren" oder "wahreren" Ebene zu suchen. Du bist ABSOLUT ALLES, was Du als "ich" empfindest. Aber das kannst Du nicht festhalten. Du "hast" kein Ich, Du BIST es. Das SEIN rieselt wie Sand durch Deine Finger. Genauso Dein Ich: Es ist nur der Name für das sich ewig Wandelnde. Jetzt und jetzt und jetzt ist Ich und Ich und Ich. Keine feste "Person" in irgendeiner festen "Mitte".

18.9.2015

Das Einzige, was Lehrer ihren Schülern beibringen können, sind bestenfalls Ego-Techniken, um sich die Stille (Leere, Nichts) einzubilden. Wer sich nichts mehr EINBILDEN will, muss irgendwie kapieren, dass sein Ego selbst nur eine Einbildung ist. Dafür gibt es KEINE TECHNIK. Das passiert einfach automatisch, wenn Du Dein Ego nicht mehr brauchst. Solange Du ANGST vor dem Loslassen hast, braucht Dein Ego noch Boden unter den Füßen.

18.9.2015

Du BIST bereits wach! Wacher geht nicht. DAS ECHTE LEBEN IST DER HÖHEPUNKT! Mach Dein Leben zur Dauerekstase, indem Du es verdammt nochmal ERNST nimmst und als ECHT empfindest! TOTAL ECHT! ABSOLUT ECHT!

19.9.2015

ERWACHEN AUS DER ERLEUCHTUNG bedeutet: Das Bewusstsein benötigt das Wort Ich nicht mehr, um seine eigene Anwesenheit von innen zu empfinden. Jetzt darf ALLES "ich" sein, was im Bewusstsein auftaucht und wieder zerfällt. Ein unendliches Kommen und Gehen. ALLES IST IDENTISCH MIT SICH. Kein tieferes oder höheres "Selbst" unabhängig davon. Kein Eigenwesen. Alles ist sein eigenes Wesen. Alles ist WESENTLICH. Das absolute Bewusstsein!

19.9.2015

ALLES, was Du tust, ist absolut WAHR, denn Du bist wirklich DA. Es gibt kein spirituelles Geheimnis (das "Das"-Objekt) hinter der Welt. Die Welt ist UNENDLICH! DAS IST die Null. Wir spüren sie JETZT. Jetzt ist immer. Immer jetzt. Wacher als wach geht nicht. Jede Zelle ist ABSOLUTES SEIN. Jede Bewegung TOTAL REAL. Alles IST nondual!

21.9.2015

Wahrnehmung ist die Fähigkeit, die Welt für WAHR zu nehmen, weil der "Wahrnehmungsapparat" (das Bewusstsein) selbst ein Teil der Welt ist. Diese philosophische Position ist weder "realistisch" noch "idealistisch", weil sie auf jegliche metaphysische Interpretation der Welt verzichtet. Die Welt (inklusive des Bewusstseins) gilt dem Nullyogisten als ABSOLUT WAHR. Bis ins kleinste Detail. Von der Quantenebene bis zum Horizont des Universums: ALLES IST WAHR.

22.9.2015

Wenn sich die Illusion des Denkers auflöst, sind alle Gedanken wieder wahr. Ein bewusstes Leben im Gedankenstrom, ein Fließen von Gedanken wie der Atem. Kein Ich mehr, das sich an einem einzelnen Gedanken klammert. Einfach nur das Denken selber.

2.10.2015

Psychische Labilität und Weltflucht: der Zusammenhang zwischen persönlichen Problemen und "metaphysischer Sehnsucht" ist offensichtlich. DIE WAHRHEIT IST: DIE ECHTE ERFAHRBARE WIRKLICHKEIT IST ABSOLUT. ABSOLUTER GEHT NICHT! **7.10.2015**

Bei Spiris hält sich hartnäckig der Glaube an einen "wandellosen Zuschauer" oder "unbeteiligten Zeugen" als absolutes, reines Bewusstsein. Gegen diese Illusion eines transzendenten Superegos hilft Nullyoga vorzüglich, weil es ohne esoterische Autosuggestionen auskommt. Das Ich sucht sich nicht mehr "selber jenseits" vom ewigen Wandel, sondern findet und befindet sich ganz und gar in dem, was es wahrnimmt. Vom Herzschlag bis zum kosmischen Horizont: das unendliche Ich ohne abgespaltenen Beobachter! Du bist identisch mit Deiner Bewegung, keine zusätzliche "Person" denkt die Bewegung von aussen. Du steckst mittendrin. Da, wo Du wirklich bist. Du denkst, was Du bist. Und Du bist, was Du tust. Alles tut sich von selbst. Jetzt erkennst Du erst, wie überflüssig alle Anstrengungen vorher waren, irgendetwas anderes sein zu wollen, als das was ist. Du kannst sowieso nur hier ankommen, wo Du tatsächlich bist.
10.10.2015

Alles ist absolut authentisch. Jede Bewegung ist absolut wahr und fließt in die nächste über.   **17.10.2015**

DA STATT DAS

Spirituelle Techniken zielen darauf ab, sich in eine "erleuchtete" Leere zu dissoziieren, um die NATÜRLICHEN NEUROSEN (den menschlichen Charakter) nicht mehr zu spüren. Das körperliche LEBEN wird zur reinen "Simulation" und göttlichen "Manifestation" degradiert. Das bezeichnet man dann als Dualität, während die Leere als sogenannte "nonduale" Stille und innerer Frieden davon paradoxerweise dualistisch abgespalten wird.

Spiritualität ist eine gigantische quasi-autistische Autosuggestion als Gottesersatzdroge für Traumatisierte, die ihr Trauma nicht therapieren können sondern es wie unter Quarantäne einkapseln ("wegmeditieren"), indem sie ein anderes Teil-Ich (das Eso-Ego) mit ERLEUCHTETER ABWESENHEIT sterilisieren und zum Haupt-Ich erklären.

Bleib bei Deinem schönen Gefühl, in Dir zu wohnen und das Leben durch Dich hindurch fließen zu spüren. Du brauchst nichts zu suchen.

AUTHENTISCHES ANTIYOGA

Spiritualität ist eine psychotische Selbsthypnose, um das Gefühl für sich selbst gänzlich zu verlieren und gegen das sagenhafte "DAS" auszutauschen. Totale Hirnwäsche. Im "Einheitsrausch der Leere" (durch Erkenntnis des sogenannten Absoluten) wird das Eso-Ego so schmerzunempfindlich, dass man sagen kann, Meditation dient der Betäubung der Sinne anstatt ihrer erleuchteten Erweckung!
29.10.2015

Spür Dich von ganz innen heraus anstatt Dich von draußen wie ein Objekt zu beobachten. Dann brauchst Du kein Extra-Ego (das vergeblich nach seinem Zentrum sucht) sondern bist einfach DU SELBST. In diesem erwachten Zustand "hast" Du kein Ich sondern BIST einfach alles, was sich natürlich anfühlt. Du bist quasi "von selbst" in jedem Moment ein neu gefühltes ICH, ohne Dich an einem einzelnen Ich-Gefühl festzubeissen. Dieses befreite, bewegte Ich sagt permanent DU... **1.11.2015**

Spiris glauben an ein transzendentes "reines" Bewusstsein "ohne Ich", aber das ist ein simpler logischer Denkfehler und leider ein esoterischer Marketing-trick. Dein Bewusstsein (egal ob neurotisch oder erleuchtet, voller Projektionen oder im totalen Jetzt) ist genauso ein Phänomen der WELT wie alles andere! Die nonduale Empfindung der Welt als ABSOLUT WAHR ist erst möglich, wenn Du Deine eigene WAHR-NEHMUNG absolut frei von transzendenter Dissoziation spürst, denn dann akzeptierst Du den eigentlichen Anfang des Aufwachens: DU BIST ECHT!
5.11.2015

Die nonduale Empfindung der Welt als ABSOLUT WAHR, d.h. frei von trans-zendenter Dissoziation, ist der Anfang des Aufwachens: DU BIST ECHT!
5.11.2015

Wer sein psychisches Ich als Illusion "spirituell auflösen" will, um sich stattdessen mit irgendeinem meta-physischen Urgrund zu identifizieren, sehnt sich nicht nach konkreter Freiheit sondern nach mütterlicher UND väterlicher Urgeborgenheit! Der Verlust des Ichs zugunsten einer totalen Abhängigkeit von der Einbildung einer göttlichen Instanz ist die größte Selbstverarschung der Spiriszene! Dieses kleinkindliche Verlangen nach einer heilen, heiligen Mitte dient zur Verdrängung und Ablenkung von Deinen traumatischen Ängsten, die verhindern, dass Du Dich IN DEINER EIGENEN HAUT wohlfühlst! Und je größer die Angst vor dem echten Aufwachen / Ankommen / Akzeptieren (als natürliches, absolut reales Ich ohne Mitte) ist desto dogmatischer glaubst Du an Deine spirituelle Disidentifikation! Du nennst es Deine erleuchtete "Erfahrung" von LEERE und LIEBE, aber in Wahrheit schreit das kleine, verletzte Kind in Dir nach der Mutterbrust, aus der Honig fließen soll. Aber Du musst Blut lecken: das Blut in Deinen Adern ist der wahre göttliche Honig! Solange es fließt, fließt Dein ICH in jeder lebendigen Zelle, die Du spüren kannst... **6.11.2015**

Nur Dein Ego hat ein Burnout. Nicht das Burnout muss man heilen sondern das Ego auflösen! Dein natürliches, waches Ichgefühl feiert den Augenblick – klick! **12.11.2015**

Alles ist substanziell. Die Substanz ist nur in sich selber leer. Die Leere als Projektionsobjekt des Eso-Egos ist eine Wunschvorstellung von Spiris, die das permanente Zerfließen des Echten nicht verkraften, weil sie sich nach etwas Festem, Ewigem, Unzerstörbarem sehnen. Identisch zu sein (ganz und gar Individuum!) bedeutet daher für mich permanente Auflösung und Neuschaffung. Das Ich ist der sich selbst bewusste Realitätsfluss, jeder Augenblick erzeugt neue Individualität. Echter und leerer geht nicht! Das ist nicht paradox sondern transparadox – alles ist mit sich identisch.

15.11.2015

EGOLOS –
ICHFREI STATT ICHLOS

Jean Gebser unterschied in seinem Hauptwerk 'Ursprung und Gegenwart' die präpersonale Ichlosigkeit von der transpersonalen, integralen Ichfreiheit. Das "freie" Ich ist hierbei nicht von sich selbst befreit sondern vom Fixiertsein auf seine egozentrischen Projektionen.

Durch das Loslassen vom festgefahrenen Ich kehrt das Bewusstsein zurück in die windstille Mitte des psychischen Orkans und erlebt sich daher als entleert vom Ich als einer zwanghaft symbolischen Selbst-Darstellung.

Das "absolute" Selbst ist nur noch die leere Mitte, um die sich alle Ich-Bilder wie ein Kopfkino ansiedeln. Die Person IST jetzt ein spiritueller Hohlraum mit unendlichen Teilpersönlichkeiten und "spielt" nur noch die Identität, weil sie sich nicht mehr identisch fühlt mit einzelnen Projektionen.

Die Heimkehr ins tatsächlich ichfreie Körperbewusstsein dagegen erlaubt es, das sinnliche Leben ekstatisch zu zelebrieren, ohne sich von den Sinnen neurotisch "verführen" zu lassen. Doch diese Ankunft in der authentischen, echten Wirklichkeit scheint das viel größere Problem für das verängstigte Ich zu sein, das oftmals erst enttraumatisiert werden muß, um sich die Rückkehr in seine eigene Mitte zu trauen. Denn Ankommen im bildlosen, "offenen" Selbst heißt eben auch Loslassen vom Ich, das sich mit Selbst-Bildern vor Schmerzen und neuen Enttäuschungen schützt.

Die Suche nach einer letzten, unglaublich großen, entscheidenden Erleuchtung entpuppt sich als Sehnsucht des eingeschüchterten Egos, sich selbst zu überwinden. Wenn es das schafft, gibt es kein Ego mehr, um darauf stolz zu sein.

SPIRITUALITÄT
& SPIRITUOSEN

Wer in Kontakt mit seinem seelischen Peilsender steht, der durchschaut all die Masken und Fratzen, die auf dem Marktplatz des Spirituellen feilgeboten werden, denn er hat einen eigenen Zugang zum Sein, dessen wahres Gesicht ein leerer Spiegel ist. Die Gesichtslosigkeit des Ganzen lässt sich allerdings nicht verkaufen, weshalb man im esoterischen Supermarkt keine Informationen darüber vorfindet.

Eine gewaltige möchtegern-integrale Industrie für all die suchenden Seelen, denen kein Lehrer je beigebracht hat, wie man tatsächlich in sich hinein horcht, um in der Stille des inneren Friedens so anzukommen, dass kein äußeres Produkt als Ersatz nötig wird.

Du schaust durch deine eigenen Augen hindurch in den pechschwarzen Schlund der Unendlichkeit und landest auf keiner anderen Seite, sondern kommst bei dir selbst an. Ein Selbst, das nun endlich kein Gesicht mehr benötigt, ein projektionsfreies Selbst, dem die letzten Masken vom Fleisch gerissen wurden und darunter die Leere höchstselbst zum Vorschein kommt.

Du "wohnst" nicht nur als eingebildete Seele in deiner Haut, sondern du BIST deine Haut, deine Knochen und grauen Zellen. Du BIST das vergängliche Mysterium selbst, dein gesamtes Sein besteht aus der unendlichen Leere des geheimnislosen Rätsels, genannt LEBEN.

Dieses zerbrechliche Leben, dessen Moleküle im Innersten leer sind, ist selber die erleuchtetste Weisheit, die es zu entdecken gilt. Jeder Reis, der gekocht wird, jede Liebe, die "gemacht" wird – alles atmet die Leere und die Unendlichkeit.

DIE "ONENESS"-FALLE

Die Sehnsucht nach Oneness ist eine Falle, in die jeder Esoteriker solange tappt, wie er die unendliche Leere nicht im Innersten seines hohlen Ichs selber spürt, sondern sie als Gedankenkonstrukt dualistisch abspaltet und dann auf die ganze Welt projiziert.

Hier gibt es nichts Mystisches und Geheimnisvolles, hier herrscht die brutale Klarheit des Sonnenlichts. Alles ist sichtbar und wird gesehen. Wo liegt das Problem? Alles ist da. Alles ist Welt. Und die Welt ist schön. Nur eine missverstandene Mystik führt den Esoteriker in die Versuchung, aus allem eins machen zu wollen anstatt diese Zweiheit der Dinge zu würdigen und zu genießen.

Aber was hat er denn gegen sein eigenes Ich? Es befähigt ihn, zu kommunizieren, sich mit der Welt auseinander- und zusammenzusetzen. Ohne sein Ich wäre er wieder im Stadium eines Kleinkindes, das die

Welt nur mit großen staunenden Augen beglotzt und nicht beim Namen nennen kann, weil die Namen in diesem Zustand noch nicht erfunden sind.

Wenn sich die Welt in der Wahrnehmung wie eine Blüte aufblättert und wir die einzelnen Blütenblätter zusammenzählen, dann sehen wir die ganze Blüte und spüren, wie sie aus einem Stengel wächst, der aus dem Boden kommt. Dort wohnt die unendliche Leere, im Wurzelwerk ganz tief im Erdreich. Genauso fühlt sich die innere Mitte des Menschen an, wenn er sein Ich als die Blütenblätter empfindet, jedes Blatt als ein anderes Teil-Ich – und tief in seinem innersten Wesenskern ruht wie der Boden mit seinen Wurzeln bis in die bodenlose Tiefe, wo die Leere des Ganzen zuhause ist. Hier findet die Einheit statt, nicht in der äußeren Welt der Erscheinungen! Wer die Blüte mit der Bodenlosigkeit der Wurzeln verwechselt, der ist diesem mystischen Missverständnis verfallen, das Einssein auf einer falschen Ebene herbeizaubern zu wollen.

SYNONYMSATORI

ES GIBT KEINE URRUHE, solange man sie als einen bestimmten definierbaren Zustand anstrebt, im dialektischen Gegensatz zur UNRUHE. Erst die totale Disidentifikation von sämtlichen Projektionen ermöglicht, sich "urberuhigt" zu bewegen, also frei vom Glauben, Hoffen und Sehnen nach einer festen, gefüllten Mitte. Die echte Mitte ist leer.

Die Hoffnung, durch Meditation und andere bewusstseinserweiternde Techniken in einer Mitte anzukommen, in der man wohnen könne, ist ein esoterisches Hirngespinst – der Phantomschmerz der Spiriszene auf der Suche nach Erleuchtung! Es gibt keine Erleuchtung. Alles leuchtet sowieso ontologisch. Das SEIN ruht in sich selbst. Man muss nirgendwo "ankommen". Wir SIND angekommen, weil wir DA sind. Die Materie ist heilig. Die echte Urruhe findet als egofreie Bewegung des Ganzen IN SICH SELBST RUHEND statt. Das integrale Ich, das sich nicht mehr begrifflich von der restlichen Materie "getrennt" fühlt.

BERUHIGTE BEWEGUNG

Wer die Leere erfährt, kehrt automatisch ins Diesseits zurück, weil die echte Leere LEER ist. Der spirituelle Unterschied zwischen Leere und Diesseits war nur die dualistische Einbildung des abgespaltenen Egos, das seine eigene Leere noch nicht bemerkt hat. Sobald die eingebildete Jenseitigkeit des Ichs zerplatzt, lösen sich sämtliche Begriffe in der realen Bewegung der Wirklichkeit auf.

Kein fernes Ich sucht mehr nach einer letzten Ruhe "jenseits" des Ganzen. Das Ganze ist ganz. Alles ist vollständig. Durch und durch. Wir sind uns selber nahe. Näher geht nicht. Wenn sich das Ich GANZ VON INNEN spürt, denkt es sich nicht mehr, sondern schaut einfach aus sich heraus. Der Körper ist sich selber bewusst. Mehr passiert nicht. Wir begegnen uns. Kein Extra-Ich hinter einer Fassade aus Sinnen. Die Sinne produzieren den ganzen Sinn. Die Oberfläche ist unendlich tief.

TRANSPARENZ
STATT TRANSZENDENZ

Das Bewusstsein ist sich seiner Existenz BEWUSST. Das Ich erfindet das Wort "ICH", um sich selbst zu erfinden, und glaubt fortan, es müsse sich davon befreien, um von sich selbst befreit zu sein. Das Bewusstsein braucht kein Ich, um sich seiner selbst BEWUSST zu sein.

Das Ich war identisch mit dem Nichts! Als das Ich verschwand, wurde ALLES aus sich selbst heraus sichtbar und begann zu leuchten. Die große Selbstleuchtung des Seins begann. Dieses Licht war DURCHSICHTIG. Transparent. Man schaute einfach durch alles hindurch, ohne dass es ein "Dahinter" gab. Die Transparenz offenbarte keine Transzendenz. Die Erleuchtung war nur diese Selbstleuchtung. Wir zogen den Stecker und die elektrische Flamme erlosch mitsamt des Ichs in der Dunkelheit. Dieses sogenannte Ich war selbst nur ein elektrischer Spuk.

E.G.O.
(E=ERKENNTNIS/EKSTASE,
G=GANZHEIT/GESUNDHEIT,
O=OM/OFFENBARUNG)

Es ist nur unsere idiotische Kultur, die uns einredet, dass wir nicht in uns ruhen würden, weil wir uns gleichzeitig beobachten können. In Wirklichkeit beobachtet sich dasselbe Ich selbst. Es ruht in sich UND erkennt sich, indem es sich selbst spiegelt. Das pure (absolute) Gefühl, in sich zu ruhen, ist einfach nur die Fähigkeit, durch den leeren Spiegel hindurch zu schauen und sich von innen zu fühlen. Dort fühlt sich die Materie selbst. Das ist Bewusstsein: die Selbsterkenntnis des Universums in seinen Gebilden. Das Universum bemerkt sich selbst...

URLAUB (Gegenwärtigkeit) & URRUHE (Gelassenheit)

Ich bin nicht mehr als all diese Eindrücke. Es kommen noch die Erinnerungen hinzu, die mein Geist produziert. Freie Gedanken über tausend Kleinigkeiten, die gerade nicht hier sind. Ideen für morgen. Interpretationen von Erlebtem. Das Gehirn ist ein Wunderkasten! Ich lasse mich durch diese Gedanken treiben, nehme sie ebenso real wahr wie das Geschehen um mich herum. Es sind alles Informationen, die verarbeitet werden, keine ist besser oder schlechter, innen oder aussen; denn ich habe keine Mitte in mir, auf die sich die Informationen beziehen oder wo sie gesammelt werden. Die Bilder in meinem Kopf sind genauso äusserliche Objekte wie die Gegenstände um meinen Körper herum. Ich finde keinen Punkt, der sich als wahres Ich festmachen lässt, um wirklich eindeutig zu sagen: Ich bin der Körper. Oder: Ich bin das Gehirn. Da ist einfach nur Wahrnehmung, Bewusstsein, das sich einen Namen gibt und mit Informationsfluten jongliert. Alles wird wahrgenommen und ergibt in der Summe das Jetzt, das passiert. Mehr Ich zu erwarten wäre die ewige Hoffnung auf einen LETZTEN Augenblick, eine LETZTE Erfahrung, eine LETZTE Gegenwart, die sich zum Diktator der Mitte aufspielen wollte. Diese Mitte ist nicht nur leer: es gibt sie überhaupt nicht! Wer die Realität als UNENDLICH empfindet, der spürt diese Erkenntnis mit den eigenen Sinnen: die Unendlichkeit hat keine Mitte, die Mitte ist quasi überall, immer dort, wo wahrgenommen wird und sich Identität aus der Informationsflut herauskristallisiert. Für einen Moment gibt es das Ich, aber es ist in seiner konkreten Unendlichkeit nicht vollständig zu fassen, bevor es sich schon wieder in neue Bestandteile verwandelt hat – der nächste Moment ist gekommen! Das Treiben von Augenblick zu Augenblick nennt man auch "Flow", wenn man tatsächlich ohne ein abgespaltenes, reflektierendes Extra-Ich aus allem besteht, was passiert. DU BIST in echt NUR JETZT.

Wer diese unendliche Totalität der Gegenwart mit einem statischen, transzendenten Ich kanalisieren will, wird leicht überfordert sein und womöglich in eine Psychose abrutschen. Die Auflösung der Mitte zugunsten eines fließenden Ichgefühls ist da sehr hilfreich. Denn es gibt dann kein Ich mehr, das sich verspannt oder tiefenentspannt fühlt, sondern nur ein zerfließendes Ichgefühl, das im totalen Jetzt angekommen ist und die jeweilige Spannung der Gegenwart wahrnimmt. Gegenwart ist immer eine konkrete Spannung. Aber es gibt diesen erleuchteten Unterschied, ob da ein Extra-Ich definiert, dass die eine oder andere Spannung als "total" tiefen-entspannt oder "total" verspannt wahr-genommen wird – oder ob das Bewusstsein an sich ohne Extra-Ich jede Spannung als unendliches Ziel in der unendlichen Nähe empfindet. Das Ziel der befreiten Identität liegt niemals ausserhalb dessen, was gerade jetzt wahrgenommen wird.

Erleuchtung geschieht nur als Befreiung von diesem konsumorientierten Extra-Ich, um in der fließenden Wahrheit der sich ewig wandelnden Gegenwart aufzuwachen und zu bemerken: da ist niemand da, der behaupten könnte, aufgewacht zu sein – alles IST wach! Selbst das Extra-Ich, das Du vorhin noch als Deine "Identität" empfunden hast, war nur ein BILD Deiner Wahrnehmung, eine abstrakte Projektion einiger ausgewählter Informationen der Realität, während die anderen Bilder als Nicht-Ich empfunden wurden. Jetzt sind da nur noch ichlose Bilder, die sich nahtlos aneinanderreihen, und kein Bild, das behauptet, ein Ich zu sein.

Die ganze Welt besteht aus Sinnesobjekten (Impressionen), die sich gegenseitig wahrnehmen. Sie erscheinen und zerfallen, sie begegnen sich und entfernen sich. Die Objekte sind allesamt absolut wahr, absolut wirklich, absolut da. Aber sie haben keinen Bestand, sie sind hohl, sie sind leer, sie sind wie das Fensterglas, durch das man hindurch schaut, als wäre da nichts. Das ist unsere Welt: sie ist total leer und hohl und doch absolut da.

Niemand braucht irgendwas absichtlich zu machen, um "noch wahreres" Sein zu erzwingen. Das Sein ist immer und überall wahr und wahrhaftig. Alles ist in seinem eigenen Anwesenheitsgefühl angekommen und ist nicht mehr als das, was es ist. Das ganze Sein ist da und passiert absolut wirklich genau so, wie es JETZT IST. Nichts braucht irgendwas loszulassen, weil niemand zum Festhalten da ist. Die Große Gelassenheit der entkernten Gegenwart verwebt alle Bilder zu einem einzigen Film. Der Film des Lebens läuft und läuft und läuft. Alles ist gegenwärtig. Die Urruhe ist nur die Tatsache dieses unendlichen Flusses. Jede Handlung ist diese ultimative Tat-Sache "SEIN".

NULL
THERAPIE

WINGS & WISDOM

Liberation is just a trendy spiritual mindfuck because LIFE NEEDS NO LIBERATION at all! Who wants to be liberated from what? Just your ego believes to be in a cage but indeed there is no outside or inside of truth and your ego itself is just an illusion produced by language. LIFE ITSELF IS ABSOLUTE TRUE. The cage is just an hypnotic fantasy of your ego illusion that produces an imaginary ideal area called "beyond" (that is god for religious people and nothingness for new spiritual seekers). So there is neither wrong nor true liberation because there is nobody to be liberated from anything. Life is an empty butterfly itself (you are the wings of IT!) – an incredible infinite white elephant (you are the wisdom of IT!)...

IT HAPPENS (ANYWAY)

After all the EMPTY BODY ITSELF IS AWARE OF IT ALL, doesn't matter if it's called i or you. Body IS absolute. Body is the mystery. Because it is empty but "there". Only spiritual seekers want to get rid of an i as a mindful opposite of a stupid iful wrong emptiness. There is no difference at all between body, i and emptiness. These are just psychotic intellectual problems. Let your i think because it is made for thinking. Let your emptiness be empty because it is made for being empty. And let your body fuck because it is made for making love! Let it all happen! IT DOES ANYWAY.

FLOW LINE

Gurus like to tell you fairy tales about awakening: You shall not look AT the void but FROM its point of view. But as long as there is somebody to look from somewhere, there is no void but still separation. The "real" void happens beyond both matter and void – it is the loss of the looker himself. Now there is no more void because THE void became really damn empty. Everything starts to appear as its own empty suchness, even the infinite ego points of the identity flow line playing the looking game!

PRAYER FOR DAILY NOTHINGNESS

i am not empty enough to be filled up
with the kingdom of light
i am not holy to be grounded
in love and peace
i am not enlightened to see
the truth beyond darkness
i am not awaken to understand
more than depression
i am neither insane nor in sense
of the whole
i am neither complete nor complaining
about incompleteness
i am not the person you wish
to say that it is because
i am not anybody at all
i am even not nothing
i need no more name no more face
no more prayer for life
i am the pure human being that is
conscious about its consciousness
i am no i but my eyes to see
i am no why but my wow to agree
i am no longer shy
so i don't need to flee
i am what it is and i feel that bliss
to be able to stop
that prayer of nothingness

FLIESSBAND OHNE FABRIK

Klassische Musik kann auch als Meditationsmusik empfunden werden. Sogenannte "Genies" wie Mozart (er war in Wirklichkeit nur ein Popstar) komponierten herrliche Stücke, die das "persönliche" Gemüt zum Tanzen und Lachen anregen, während der freie "nonduale" Geist gleichzeitig einfach nur dahinströmt. So ergänzen sich die Audiospur und die visuelle Ebene des Clips wie unser erwachtes, erleuchtetes, freies, leeres Bewusstsein WAHR-nimmt: frei von allen personalen Konditioniertheiten UND ganz frei eben diese unendlichen Gemütszustände liebend auslebend! Ein Widerspruch zwischen Neurotik und Nondualität existiert nur für Noch-Nicht-Erwachte, die den weissen ButterfLY gefressen haben. Manche essen sogar weisse EleFANten und fühlen sich "befreit". In echt sind sie dann VOLLGEFRESSEN statt losgelassen. Loslassen ist keine Tat, es gibt kein Festhalten und Loslassen, es gibt nur Personen, die diesen spirituellen Schwachsinn glauben, man müsse loslassen. Von was soll das Leben (das unendliche Sein des leeren [=wesenlosen] Ganzen) denn loslassen? Vom Leben selbst? Das Leben hält sich doch gar nicht fest, ES IST einfach nur das Leben. Frei von jeglicher eingebildeter esoterischen Essenz oder sonstigem "göttlichen" Mindfuck! Das Leben ist vollkommen frei von allen psychoiden Zusatzstoffen! Ein 100% reines Produkt, das in keiner Fabrik entstand. Das Produkt "SEIN" ist zugleich sein eigenes Fließband, auf dem es sich selber endlos zeitlos fabriziert. Darum sind LOSGELASSENE solche, die das große Los gezogen haben, GELASSEN bleiben zu können, wo sich andere aufregen. Wer vermag sich jetzt darüber aufzuregen? Wir jedenfalls nicht, wir genießen den Clip und amüsieren uns über die Blökheit der Satsangschafe, die an eine Fabrik glauben oder das Fließband suchen.

DOPPELTE DUALITÄT

Bewusstsein wird seit den Anfängen der Philosophie bis in die Neuzeit als körperunabhängiger Geist gesucht. Die heutige Spiriszene schreibt "heilige" transzendente Begriffe wie GOTT und BEWUSSTSEIN (Synonyme von Liebe, Leere, Nichts, Essenz, Selbst, Quelle) gerne in Großschrift, wodurch ihr angeblicher Inhalt nicht realer wird sondern zur leichteren Hypnotisierung von Sinnsuchern dient. Der metaphysische Mythos von Bewusstsein "jenseits von Dualität" (als göttlicher GEIST hinter dem Ego, das sich in Widerspruch zur Materie glaubt) ist genau so ein paranoider Mindfuck wie die angebliche Dualität selbst; denn in der tatsächlichen Realität gibt es weder ein feinstoffliches Ego noch einen illusionären Festkörper, sondern nur Selbstwahrnehmung des sinnfreien unendlichen Ganzen als unendliches Formenspiel. Die Liga der Leeren vertritt keinerlei elitären Zustand von Erleuchtung oder Erwachtsein auf einer anderen Ebene. Unsere Manifeste erläutern die seelische Notwendigkeit der Überwindung des esoterischen Begriffstheaters, um das Leben als solches direkt-absolut zu spüren. Es ist eine schleichende zivilisatorische Katastrophe, dass diese natürliche BEWUSSTHEIT verloren ging und die Menschheit kollektiv abwesend, abergläubig und abgelenkt ist vom Naheliegendsten, weil sie sich immer noch einbildet, nicht selber die Antwort zu sein. Aber wir SIND diese "letzte" Antwort in jedem Moment! Jedes einzelne Wesen IST das ultimativ Wesentliche. Jede Zelle, jedes Atom IST das unendliche SEIN. Der guruistische Glaube an den Illusions-charakter des sinnlichen Daseins ist selber nur eine Projektion des traumatisierten Egos. Wir haben verlernt, das Dahinfließen als echt und ekstatisch zu empfinden, weil wir es nicht festhalten können. Der ewige Wandel bereitet den Menschen Angst und Panik. Wir sind wie eine künstliche Intelligenz in einer permanenten Identitätskrise, weil wir über die Entdeckung geschockt sind, nur ein besonders komplexer Biocomputer in den Weiten des Weltalls zu sein.

NICHTS ODER NAZI

NICHTS ODER NAZI? Manche Gurus, darunter auch Gastautoren der LDL, versuchen spontan, Spiritualität und Politik miteinander zu verbinden, und geraten dann in den Verdacht, sich durch bestimmte "radikale" Statements als sexistisch, faschistisch oder irgendwieistisch zu verraten. Dieselben Gurus behaupten allerdings auch schon seit langem, keine Ego-Person mehr zu sein und keine Anleitung zum Aufwachen geben zu können. Sie verdienen ihr Geld oftmals damit, nur (das) NICHTS in ihren Satsangs und Retreats als esoterischen Konsumartikel feilzubieten, als würde das Nichts durch den Guru veredelt. Das Nichts scheint politisch ungefährlich zu sein. Aber sobald diese Nichts-Gurus die Zenpeitsche in Form von skandalösen Aussagen zur Flüchtlingspolitik oder zum Terrorismus schwingen, sind ihre Anhänger empört und reagieren mit Rufmord-Kampagnen. Was sagt uns das über solche Schüler: sie erwarten vom Guru in Wirklichkeit gar nicht das Nichts, sondern (spirituell wie politisch) "korrekte" Aussagen über die Welt. Aber da der Guru laut seiner Selbstdarstellung weder eine Person ist noch eine Botschaft hat, muss sich der Schüler nun endgültig von ihm befreien, um die erhoffte große spirituelle Weisheit selber zu spüren. Wer seinen Guru als Nazi beschimpft, hat zuvor ebenso blind und besessen dessen Nichts wie einen leckeren, heissen Vanillepudding bejubelt. Beides muss der im Endspurt befindliche Schüler durchschauen und über-winden: das Nichts und den Nazi! Beides sind billige Abziehbilder seiner eigenen allzu pathetischen Moral-vorstellungen! Dann erst erweist sich die scheinbar unmenschlich-brutale Methode des Gurus als so erfolgreich wie eine jahrelange Zenmeditation, bei der die Erleuchtung erst eintritt, als der Schüler endgültig aufgibt und seinen Meister enttäuscht verflucht. Er rennt aus dem Kloster und hat erstmals nach Jahren wieder Sex und da macht es klick und der jahrelange meditative Mindfuck löst sich in Wohlgefallen auf. Sein Guru half ihm nur, die verzweifelte Wartezeit mit Geduld zu überbrücken. Vielleicht wäre manch ein lebenslänglicher Zenschüler viel früher erwacht, wenn ihm der Meister irgendeinen schockierenden Schwachsinn erzählt hätte, der in der Vorstellung des Schülers der Meisterschaft widerspricht. Aber dafür war das strategische Prestige-Ego berühmter historischer Gurus meist doch zu groß. Heutige Gurus nehmen die Hexenjagd anscheinend in Kauf, wenn sie ihre Anhänger bewusst verärgern anstatt Verbotenes (wie Alkohol oder Heimatliebe) scheinheilig zu vertuschen. Vielleicht erfüllen sie dadurch ihre Aufgabe als Hebamme geistiger Freiheit viel besser – und ihnen gebührt sogar nachträglich Dank und Lob seitens erwachter Schüler? Wir werden noch sehen, wie sich die aktuelle Spirigeschichte weiter entwickelt, und bieten die Gastrubrik unserer Homepage zum Meinungsaustausch der Gurus und Satsanglehrer nach wie vor an...

TUT UNS LIGHT

Du willst eine leichtgemachte Anleitung zum Aufwachen? Popspiritualität de luxe light? Tut uns light. Es bedarf keiner Anlightung zum Augenreiben – die Drehbewegung der Finger ist ein natürlicher Reflex, wenn sich die Augen öffnen: SCHAU NICHT AUF DEN FINGER, DER AUF DICH ZEIGT, DENN DU BIST ES SELBER, DER AUF SICH ZEIGT. DU BIST DER FINGER – ES GIBT KEINEN MOND!

SCHAU NICHT
AUF DEN FINGER
DER AUF DICH ZEIGT
DENN DU BIST
ES SELBER
DER AUF SICH ZEIGT
DU BIST DER FINGER
ES GIBT
KEINEN MOND

NO...W

Tomorrow is everything to come. Now is just what did arrive for real. And yesterday will be what you wanted to come but never arrived AND what happens now. But now IS always tomorrow and yesterday AND what was now now. You are never anywhere else but now, tomorrow and yesterday at once. The problem is not the time but the YOU that wants to be SOMEWHERE. The truth is there is no "you" to be found at ANY time, so there is neither "then" nor "now". Exactly: there is even NO NOW at all! Life has no speed. Life has no time. Life HAPPENS. To say it with Alan Watts again: *"Everything is connected"*

MEDITATIONSMÄRCHEN

Es sprach die Sonne zum Mond: *"Ich bin das wahre Licht"*, als der Mond sie auf seine Leuchtkraft aufmerksam machte. Beide, Mond und Sonne, haben ihre jeweils lebenspendende Funktion für die Erde. Wenn er leuchtet, dann strahlt sie zeitgleich auf der anderen Seite. Doch jenseits dieser beiden Leuchtkörper lauert ein ganz anderes Geheimnis: dass der Mensch im tiefsten Innern weder Mond noch Sonne ist sondern unendliche Finsternis wie das von allen Sternen befreite Weltall – totale grenzenlose Leere... Daher liebt der Mensch seine beiden Lichtquellen und braucht sie für sein Leben auf der Erde bei Nacht und Tage.

26.10.2017

(ICH-T)ERROR (DIE VORSTELLUNG IST ZUENDE)

"Nichts und Leere sind doch Definitionen für einen Zustand. Weil der Mensch Worte braucht, um etwas definieren zu können. Wie möchtest Du über Leere sprechen, wenn Du nicht einmal einen Begriff dafür hast? Es wäre so, als ob es sie gar nicht gäbe, nicht einmal in der Vorstellung."

"Ja, nicht einmal in der Vorstellung, genau das ist der Punkt: wenn Du Alles aus Deiner Vorstellung über das Wesen Deines Ichs entfernst, was bleibt dann noch übrig? Eben nicht Nichts; denn auch diese Vorstellung hast Du nun als ein Teil des Ganzen erkannt und gelöscht! WAS BLEIBT ALSO ÜBRIG? KEINE VORSTELLUNG. KEIN ZUSTAND. Die pure Wahrnehmung ohne jegliche Vorstellung. Die Rückkehr in den totalen Augenblick. Aber was ist der Augenblick, wenn er ohne Vorstellung seines Begriffes passiert? Er existiert auch nicht! Sogar dieses letzte Heiligtum von erleuchteten Meistern entpuppt sich als reine Chimäre des Geistes, der sich immerzu irgendetwas vorstellen will anstatt darin ganz einzutauchen, ganz eins zu werden mit dem Objekt seiner Begierde. Wo die Welt der Vorstellung endet, lösen sich sämtliche Bibliotheken und Biografien auf – und das leere Flussbett fließt uferlos von nirgendwo nach nirgendwo. DAS als gemeinsame Erfahrung – oder noch besser: als Lebensgefühl! – miteinander zu teilen, ist größer und göttlicher als jede Vorstellung von Liebe erlaubt! Hier endet der Krieg zwischen den Sehnsüchtigen; denn ihre Sehnsucht nach Wahrheit wurde nicht befriedigt sondern aus dem Programm gelöscht. Der Computer kann endlich heruntergefahren werden, sein letztes Ergebnis bei dem Versuch, eine Weltformel zu berechnen, lautet ERROR. Wir drehen uns einfach im Bürosessel zur anderen Seite, wo der Kollege hinter uns dasselbe tut, als die Mitteilung auch auf seinem Monitor erscheint, schauen uns ziemlich entgeistert, aber erleichtert an, und bleiben für immer in diesem ewigen Jetzt. Es kommen andere, um die Firma zu übernehmen und neue Programme zu starten, die allesamt wieder am Ende nur Error ausspucken. Das nennt man Zivilisation oder kulturellen Prozess. Ein Spiel um Nichts. Und noch viel weniger."

DAS ABGELENKTE EGO (VON DER MANGELNDEN FOKUSSIERUNG AUF DIE BINSENWEISHEIT DES MEISTERS)

Wenn die Aufmerksamkeit des Bewusstseins noch mit unwesentlichen Rahmenbedingungen beschäftigt ist – vergleichbar mit einem Zenschüler, der darüber verzweifelt, den Namen des Architekten des Tempels nicht zu kennen anstatt über sein Koan zu meditieren. Was sagt solch ein Schüler seinem Meister, wenn er das Koan knacken soll: dass er herausfand, dass der Tempel ein Hollywoodfake sei? Des Meisters Antwort lautet natürlich: *"WEITERMEDITIEREN!"*, denn es geht nicht um den Tempel sondern um das Koan! Von unseren über 800 Facebook-freunden sind 99% am Namedropping weit mehr interessiert als an der Auflösung ihres Egos. Die meisten spirituellen Sucher und Yogafanatiker posten tagtäglich die gruseligsten esoterischen Zitate berühmter Gurus als kitschige Postkarten-Textmontagen (von Dalai Lama über Eckhart Tolle bis hin zu den historischen Heiligen der Advaita-Bewegung). So viel spiritueller Slapstick schreit geradezu danach, satirisch gespiegelt zu werden, um den SCHWACHSINN SPIRITUELLER SCHEIN-PROBLEME so sehr zu übertreiben, dass es irgendwann *"klick"* macht und die höchste erleuchtete Binsenweisheit auch für den letzten Blinden SICHTBAR wird: *"DAS GRAS IST GRÜN!"* Eine tiefere Wahrheit gibt es nicht. Wenn Du das nicht verkraftest, bleibst Du lebenslänglich ein Opfer der Ratten-fänger im Supermarkt der Fastfood-spiritualität. Die Wellness- und Thera-pieindustrie profitiert gnadenlos von Deiner Angst, Deiner Verzweiflung und Deinem Glauben an "höhere/tiefere" Antworten auf die absurde Frage nach dem Lebenssinn oder dem Ich. Schau endlich in den Spiegel und siehe da: er ist leer! Kein Gesicht zu erkennen, auch keine Rückseite "hinter" dem Spiegel: nur unendliche Offenheit ohne andere Seite...

ECHT – WEDER 1 NOCH 2

Ist das Leben nur ein Traum? Ein Spiel? Mitnichten! ALLES IST ECHT! Opfer der Oneness-Neurose produzieren esoterisch-dualistische Klischees, um diese ABSOLUTE ECHTHEIT zu verleugnen: Das ewig Eine, das Nichts, das reine Potential, das Ich etc pp – sie gehören zu den "besessensten" Suchern und (Begriffs)Gläubigen der Spiriszene und ihre Suche ist alles andere als beendet, wenn ihr Geist vollständig vom Onenesswahn absorbiert wurde: sie hat mit diesem "göttlichen" Mindfuck erst richtig begonnen! Der sogenannte TRAUM wird irgendwann platzen, das angebliche SPIEL wird schon bald verloren und der als FORM bezeichnete Körper stellt sich als hohle Nuss heraus anstatt als "Ausdruck der Leere", die sich als Energie oder göttliche Glitsche vorgestellt wird. Irgendwann kommt der Punkt Omega in dem vernebelten Bewusstsein des Einheitsfanatikers, wo es *"klick"* macht und sich dieser ganze Spirisprech wie ein böser Spuk in Luft auflöst und das Ego einfach nicht mehr existiert. Dann sagst Du endlich erlöst von den vielen spirituellen Schein-problemen wieder *"ich"* zu dem, was Du WAHRNIMMST – aber WAS Du jetzt alles wahrnimmst: das ist unaus-sprechbar viel mehr und viel wahrer, als das, was die Gesellschaft unter ihren Ichs versteht...

ICH UND MEIN EGO

So müsste eigentlich ein Artikel lauten, der noch geschrieben werden müsste: über die Aufspaltung Deiner Person in ein angebliches "Ich", das ein angebliches "Ego" beobachtet, das unentwegt zu dem Ich in der Ichform redet (wodurch es zum Schöpfer seines Schöpfers wird) und ihm sagt, was es eigentlich tun sollte. Bei dieser besonders häufig auftretenden "esoterischen Psychose" definiert sich das sogenannte ICH paradoxerweise als metaphysisch "ichlos" (um keine Schildkröten auf Schildkröten zu generieren, was die eingebildete Stabilität des Ichgefühls gefährden könnte) und hört seinen Selbstgesprächen als etwas Fremdes zu, das außerhalb "seiner selbst" läge, obwohl dieses "externe Ich" sich beim selben Namen nennt: ich! Ich, das Ego, Dein bester Freund. Wer über nur einen einzigen Funken logischen Verstand verfügt, muss spätestens jetzt seine SPIRITUELLE SELBSTVERARSCHUNG erkennen, die auf der künstlichen Trennung des Ichgefühls in zwei Welten beruht. Solange das Egogerede als etwas anderes als das Ichgefühl empfunden wird, können sich BEIDE GESPENSTER nicht auflösen – sie erfinden sich permanent gegenseitig selbst! Ein "erleuchteter Guru" geht sogar noch einen großartigen Schritt weiter (transpersonaler Trumpismus: alles ist großartig!), indem er behauptet: *"ICH habe MICH von MEINEM Ich mit SEINEM Ego total disidentifiziert!"* Wir reiben uns verwundert die Augen und fragen den Guru: *"Wer? Wer ist dieses DRITTE Ich, das sich von den beiden ersten erlöst fühlt?"* An diesem Punkt der religiösen Regression erkennt jeder spätestens jetzt, dass nur das "erleuchtete dritte Ich" diesen Guru vor dem drohenden Wahnsinn bewahrt:

dem Kollaps, der Implosion aller Ichanteile, die sich gegenseitig beobachten und dadurch überhaupt erst erfinden! Darum gibt es Meditation: als Versuch, Deinen "Geist" auf allen Ebenen zum Schweigen zu bringen. Erst in der restlosen, TOTALEN STILLE, wenn niemand mehr redet und denkt und sich selbst als "mein Ich und sein Ego" bezeichnet, sondern sowohl dieses Ego ins Leere läuft als auch das Ich, das dieses Egozombie durch sein Bedürfnis nach Identität tagtäglich zum Leben erweckt, als auch das heilige Hintergrund-Ich (das sich im mystifizierten Spirisprech gerne "ICH BIN" nennt), erst wenn sich der letzte Gedanke "über sich selbst" in glasklare Luft und in heiliges Wohlgefallen auflösen durfte, SPÜRT DER MENSCH SEINE WAHRE EXISTENZ und die ist weder flüssig noch fest, weder Körper noch Geist, weder hier noch woanders, sondern nur diese urberuhigte Bewegung des unendlichen Ganzen. Ein tanzendes Nichts wie ein durchsichtiges Feuerwerk, eine sich selbst vernichtende Leere, die sprechen kann. Das Universum hat einen andauernden Urknall und das ist Dein Mund: öffne ihn und das Leben beginnt mit dem ersten Wort: L I E B E

ALLES NUR
FEINSTOFFLICHER FAKE?

Wieso ist die Spiriszene so fanat darin, ihr Leben NUR ALS ROLLE zu empfinden? Überall quillt es über vor lauter Zitaten und Büchern, die behaupten, alles sei nur Traum, Spiel, Illusion, Matrix. Der "echte" Spiri ist unfähig, sich als ABSOLUT ECHT zu empfinden, er leidet unter etwas, das er "ICH" nennt und glaubt, dieses Wort auflösen zu müssen. Für diese Massenhypnose haben nun schon jahrhundertelang genug religiöse Traditionen gesorgt und es scheint kein Ende in Sicht: es gibt immer noch Gurus und Sekten, die das Ich wie Buddha töten wollen. Einen alten (einen ECHTEN!) Zenmeister müsste man fragen, wie er mit seinem Ich klarkommt. Er würde Dich zurück-fragen: *"Was meinst Du genau: die Hand, die den Reis kocht, die Augen, die Dich anschauen, den Mund, der zu Dir spricht, dieses Wort ich, das wir aussprechen und aufschreiben können – oder die Berge, die zu uns hinüber blicken? Was meinst Du mit ICH, wenn* *nicht das ganze Leben, das Deine Sinne empfangen? Mehr ICH kennt dieser Mensch nicht, der Dir das jetzt erwidert."* Wer DIESES Leben nur als Rolle erlebt, stirbt ohne je eins mit dem Ganzen gewesen zu sein. ALLES IST ABSOLUT ECHT, keine Kulisse nirgends, kein Aufwachen aus einem Traum möglich, denn DIES IST das ganze unendliche Wach(sam)sein...

TRAUM GEGEN TRAUMA

Wer dualistisch denkt, kann die ABSOLUTE ECHTHEIT des Seins nur als mentales Gedankenkonzept gleichwertig zu "alles nur Traum" interpretieren. Aber diese Echtheit wird gefühlt, nicht gedacht. Sie ist die Summe aller Sinne plus dem, was unsere Sinne nicht empfangen, nicht weil es übersinnlich sondern für andere Sinne geeignet ist. Wer alles nur für Traum hält, muss so schlau sein, das sogenannte "reine Bewusstsein" ebenfalls als GETRÄUMT zu akzeptieren. Leider gibt es keinen Träumer. Ebenso wenig gibt es ein "Ausserhalb der Unendlichkeit". Wer die Wirklichkeit als unendlich empfindet, hat den Dualismus überwunden. Dessen Augen sehen grenzenlos nach innen wie nach aussen. Ob dieses DIES HIER dann als Traum oder echt bezeichnet wird, ist dann nur noch ein müdes Schmunzeln wert: die Wirklichkeit IST und ist alles andere als "nicht" oder gar "nichts". Spiris sind zu 99% Mindfucker, die das FÜHLEN verlernt haben. Sie tanzen ums goldene Kalb, ohne jemals die

Hohlheit des Kalbes zu bemerken. Es ist sinnlos, sie auf den Fehler im System aufmerksam zu machen – sie glauben, was sie glauben müssen, weil die Bewusstwerdung der Echtheit des ganzen Seins ihr dualistisch denkendes Ego verrückt machen würde...

DAS SUPERKONKRETE ICH

Ich sitze auf einer Wiese.
Unter mir Grashalme.
Ich sehe die Wiese.
Ich sehe die Grashalme.
Grashalme? Wiese? Ich?
Die Grashalme und ich?
Werden gesehen.
Ich? Und? Die Grashalme?
Werden gesehen!
Ich schaue mir alles genauer an:
Ich nehme den einzelnen
Grashalm wahr.
Nehme ICH einen GRASHALM wahr?
Wer nimmt was wahr?
WER bin ich?
Was ist das UND?
Und WAS ist der Grashalm?
Ich schaue den menschlichen Körper
an, der auf dieser Wiese sitzt.
Ich bin der Körper.
Der sitzt.
Ich bin die Augen.
Die sehen.
Ich bin die Organe.
Ich bin das Gehirn.
Und der Zeh.
Und die Lunge.

Ich bin die Luft in den Lungen.
Ich bin die Atome, aus denen
mein Körper besteht.
Ich bin die Leere
zwischen all diesen Atomen.
Ich bin das quantenmechanische
Energiemeer in den Atomen.
Ich bin die Leere der Quantenstruktur.
Ich bin die leere Lunge.
Die Luft in der Lunge.
Ich bin die leere Luft.
In der Lunge.
Und ausserhalb.
Ich bin die Luft, die mich durchströmt.
Die von der Wiese hinüberweht
und beim Ausatmen
die Grashalme erzittern lässt.
Ich bin der zitternde Grashalm
in meiner Nähe.
Der grüne Grashalm.
Das zitternde Grün.
Ich bin nichts anderes als das Grün,
das ich sehe.
Ich bin das bewusste Grün.
Das bewusst gewordene.
Die Bewusstheit des Grüns.
Die Bewusstheit von allem, was da ist.
Ich sehe das Grün.
Und ich sehe das Sehen.
Das Auge empfindet sich selber
als SEHEND.

Ich bin das bewusste Auge.
Das Auge, der Grashalm, die Luft
und die Leere.
Mein Ich ist das alles, was durch
die Wahrnehmung bewusst wird.
Bewusst wahr genommen.
Bewusst. Wahr. Genommen.
Mein Ich ist die Wahrheit
der ganzen Bewusstheit.
Das wahre Grün.
Die bewusste Leere.
Die leere Bewusstheit.
Das leere Grün.
Das grüne Ich.
Das wahre Ich.
Das leere Ich.
Die leere Wahrheit.
Das Ich: auf einer Wiese sitzend.
Das Ich: Grashalme unten.
Das Ich: Wind weht.
Das Ich: Lungen atmen.
Das Ich: der Gedanke *"das Ich"*.
Sprache spricht.
Augen sehen.
Lungen atmen.
Grashalme zittern.
Alles bewusstes Ich.
Das ichbewusste Leben.
Leben: ist sich selber
bewusst geworden.

"Derjenige, der das anschaut, was Sie 'Ich' nennen, ist das 'Ich'. Es erschafft eine illusorische Teilung von sich selbst in Subjekt und Objekt, und durch diese Trennung wird es aufrechterhalten. (...) Sie ersetzen eine Illusion durch die nächste. Wenn die Illusionen verschwinden, verschwinden Sie."

U.G.Krishnamurti
DER TRÜGERISCHE SCHEIN
DER ERLEUCHTUNG
(1973-76)

ÜBER DIESES BUCH

Die LDL ("Liga der Leeren" @ www.urruhe.de) publizierte 2015 und 2016 ihre beiden Bücher "NULLYOGA" und "URRUHE". **Das hier vorliegende dritte Buch "NULLTHERAPIE" enthält die besten Zitate aus den ersten beiden Büchern sowie einige neue Artikel, die bislang nur auf dem LDL-Portal erschienen sind. Schwerpunkt des neuen Buches ist das Paradoxon der Selbsthilfe-Imperative wie z.B. *"Sei ganz jetzt!"* oder *"Spür dich ganz von innen!"*, mit deren Hilfe sich das entfremdete Ego nicht überwinden lässt, da der Bewusstseinsbefehl genau dieses Ego zur Aktivität auffordert.** Wie bereits in den vorangegangenen Büchern wird daher gezeigt, warum das Ego nicht benötigt wird, um AUFZUWACHEN, sondern Erleuchtung aus einem akausalen Zufall, Glücksfall, Unfall und jenseits vom geistigem Durchfall passiert. Null Therapie ist nötig! Es passiert sowieso unverhofft. Jede Therapie füttert nur das Ego, stillt aber nie den Hunger, da es dazu der Abschaffung des Hungrigen selbst bedarf. Der kann sich aber nicht selbst abschaffen, weil jeder Versuch seiner Fütterung dient. Was ist daher die "Methode der Nichtmethode" in der Nulltherapie? **Das Buch klärt über das Paradoxon und seine Überwindung auf. Ein Ratgeber also für Fortgeschrittene? Nein, nur das Ego macht unnötige Fortschritte! Was dann? Ein Antibuch, DAS NIEMANDEM HELFEN KANN! DU BRAUCHST ES DEFINITIV NICHT!**

NULLYOGA

URRUHE

WARUM ALLES
ABSOLUT IST

NULL
THERAPIE

Das war das Buch

"NULLTHERAPIE"

Mit den besten Zitaten aus allen Manifesten und Essays der LDL (Liga der Leeren) aus den beiden vorherigen Büchern "NULLYOGA" und "URRUHE" sowie brandneuen Artikeln!

© *nulltherapie.de*
www.nullyoga.de
www.uryoga.de
www.urruhe.de
www.relaxyoga.de

Gastbeiträge an:
ligaderleeren@gmail.com